CHARLES D'ANJOU,

OU

Les Vêpres Siciliennes,

TRAGÉDIE EN CINQ ACTES,

Par L. Antoine Herblot,

MEMBRE DE LA SOCIÉTÉ GRAMMATICALE ET LITTÉRAIRE.

PRIX : 4 FR.

Paris,

CHEZ LES ÉDITEURS
SYLVESTRE, LIBRAIRE,
RUE THIROUX, N° 8;
LEVAVASSEUR, LIBRAIRE,
PALAIS-ROYAL.

1830

IMPRIMERIE DE POUSSIN.

CHARLES D'ANJOU,

ou

LES VÊPRES SICILIENNES.

PARIS.—IMPRIMERIE DE POUSSIN,
RUE DE LA TABLETTERIE, N. 9.

CHARLES D'ANJOU,

ou

Les Vêpres Siciliennes,

TRAGÉDIE EN CINQ ACTES,

Par L. Antoine Herblot,
MEMBRE DE LA SOCIÉTÉ GRAMMATICALE ET LITTÉRAIRE.

Paris,

CHEZ LES ÉDITEURS
SYLVESTRE, LIBRAIRE,
RUE THIROUX, N° 8;
LEVAVASSEUR, LIBRAIRE,
PALAIS-ROYAL.

1830

AVERTISSEMENT.

Je ne publierai point cette tragédie sans informer le lecteur que j'avais dix-neuf ans à peine lorsque je l'ai entreprise, et que ce fut quelques mois après que parurent les *Vêpres siciliennes* de M. Casimir Delavigne. Le succès éclatant qu'elles obtinrent explique assez la non représentation de cet ouvrage, et les raisons qui m'ont empêché jusqu'ici de le faire connaître. J'ai cru, cependant, satisfaire en quelque façon à la curiosité du public, en cédant aux désirs de quelques amis qui depuis long-temps m'en conseillaient l'impression.

Je dois dire encore, en faveur de l'histoire, que si je me suis permis de faire mourir Charles d'Anjou dans la terrible catastrophe des Vêpres siciliennes, où il n'était pas, j'ai cru cette altération légère, en ce que si le prince français y survécut quelque temps, le roi de Sicile cessa pour ainsi dire d'exister dès que ce tragique événement fut consommé.

Je ferai une dernière observation : c'est à l'égard du mot *sicilien*, auquel je n'ai souvent donné que trois syllabes, au lieu de quatre. J'ai cru cette violation aux lois de la mesure favorable, à cause de la lenteur de la dernière partie de ce mot. Peut-être devrait-on en faire autant de la plupart des noms de la même terminaison.

PERSONNAGES.

CHARLES D'ANJOU, roi de Sicile.
BÉATRICE, fille de Mainfroi, ancien roi de Sicile.
PROCIDA, noble sicilien.
MONTFORT, confident de Charles d'Anjou.
CONSTANCE, confidente de Béatrice.
ROGER,
LAURÉDAN, } nobles siciliens.
GUERRIERS FRANÇAIS.
GUERRIERS SICILIENS.
UN OFFICIER.
GARDES.

La scène est à Palerme.

CHARLES D'ANJOU,

ou

LES VÊPRES SICILIENNES.

TRAGÉDIE EN CINQ ACTES.

Acte premier.

SCÈNE PREMIÈRE.

PROCIDA, ROGER.

PROCIDA.

Cher Roger, c'est assez témoigner notre joie;
Avec quelque plaisir qu'un ami te revoie,
Souffre que, ces discours remis à d'autres temps,
Je m'occupe avec toi de soins plus importans.
Me voici de retour au sein de la Sicile :
Dis-moi, depuis trois ans que j'ai quitté cette île,
Quelquefois dans Palerme a-t-on parlé de moi?
Crois-tu qu'on se souvienne encore de Mainfroi?
A-t-on pour les Français toujours la même haine?
Si je levais le bras pour rompre notre chaîne,

Dis, crois-tu que ce peuple approuvât mon dessein,
Que lui-même, Roger, il y prêtât la main?

ROGER.

Seigneur, n'en doutez pas, tout Palerme vous aime ;
Lorsque Charle, abusant de son pouvoir suprême,
Chargea, de votre nom, la table des proscrits,
Pour vous, l'amour du peuple éclata par ses cris.
Nos vainqueurs, jusque-là toujours sourds à la plainte,
En ont même paru concevoir quelque crainte.
Le nom de Procida sans doute est toujours cher.
Ce peuple, qui languit sous un sceptre de fer,
De vous et de Mainfroi garde encor la mémoire,
Et surtout se souvient, seigneur, de votre gloire.
Quels que soient vos projets, espérez son appui ;
Les maux qu'il souffre encor vous répondent de lui.
Mais quel temps pour former cette noble entreprise !
Charles tient dans ses mains la Sicile soumise ;
Sur elle son pouvoir s'accroît de jour en jour.

PROCIDA.

Roger, il n'a pas su mériter son amour ;
Va, crois que ce pouvoir est facile à détruire.
Si Charle a pu nous vaincre, il n'a pu nous séduire.
Il est haï du peuple, et tu le crois puissant.
Tes yeux verront tomber cet empire imposant,
Si tu sais, comme moi, haïr la tyrannie.
Mais je connais ton cœur, l'amour de la patrie

Est le seul sentiment dont il est animé ;
Tu vois avec horreur ton pays opprimé :
Eh bien ! faisons tous deux un effort de courage ;
Ce jour est le dernier de quinze ans d'esclavage.

ROGER.

O ciel ! de quel espoir, seigneur, vous me flattez !
Nous pourrions mettre un terme à nos calamités !

PROCIDA.

Nous le pouvons. Écoute : avant de fuir cette île,
De quitter ces guerriers, l'orgueil de la Sicile,
De chacun en secret j'avais sondé le cœur.
Les Français n'ont point su ménager leur valeur.
Tous ces fiers citoyens, gémissant en silence,
Eux-mêmes m'excitaient à venger leur souffrance.
Quelquefois sur nos maux je les ai vus pleurer.
Je partis, satisfait, mais sans rien déclarer
Du dessein dont j'osais méditer l'entreprise.
J'admirais leur courage et craignais leur franchise.
Ces hommes, de bonne heure instruits dans les combats,
Mettent toute leur gloire à braver le trépas ;
Ils ne connaissent point l'important avantage
De savoir à propos déguiser son langage.
Je sais leur imprudence, et moi seul, cher Roger,
J'ai voulu travailler au soin de les venger.
Mais, dis-moi, puis-je encor compter sur leur vaillance ?
Ont-ils toujours, surtout, même soif de vengeance ?

ROGER.

Plus que jamais, seigneur, on peut compter sur eux.
Ils sont las de servir sous un joug odieux,
Et vous les verrez tous, quoi que Procida fasse,
Pour sortir d'esclavage imiter votre audace.
La Sicile, en son sein, ne porte point d'enfans
Qui ne soient, comme nous, ennemis des tyrans.
Vous pouvez, d'après moi, juger quels sont nos frères :
Ils sentent comme nous le poids de nos misères.

PROCIDA.

J'écoute avidement ce discours qui me plaît :
Si l'on craint Charle, au moins j'aime à voir qu'on le hait,
Et que tous ces guerriers, si chers à la patrie,
Ne savent point, Roger, flatter la tyrannie.
Mais, de quel œil voit-on ce barbare et sa cour,
Dans les murs de Palerme, établir leur séjour ?

ROGER.

Sur le point d'entreprendre une nouvelle guerre,
Armant encor son bras pour désoler la terre,
Pour se gagner des cœurs, se créer des soldats,
Ce conquérant, dit-on, parcourt tous ses États.
Séduit par les plaisirs qu'il trouve en cette ville,
Il paraît quelque temps en faire son asile :
On le pense ; et chacun témoigne le désir
Que Charle y soit entré pour n'en jamais sortir,

Et qu'un juste trépas, l'arrêtant dans sa course,
A nos prospérités ouvre une libre source.
C'est le vœu de Palerme.

PROCIDA.
Il sera satisfait.

ROGER.
Puissions-nous réussir dans ce noble projet !
Et, dans tout son éclat, après un long orage,
Revoir la liberté briller sur ce rivage !
Ce qui reste à la cour des amis de Mainfroi,
Dans un moment, seigneur, se rendront près de moi.
Pour déplorer les maux que nous souffrons ensemble,
Tous les jours en ces lieux l'amitié nous rassemble.
Mais avec quels transports ils vont tous vous revoir !
Combien votre retour va leur rendre d'espoir !
De notre dernier roi, la fille infortunée,
Qu'à tant de maux, hélas ! le ciel a condamnée,
Daigne à nos entretiens souvent se joindre aussi ;
Seigneur, vous la verrez.

PROCIDA.
Béatrice est ici !
Je la verrai, dis-tu ? Dieu ! que viens-je d'entendre !

ROGER
Comme nous, d'un tyran, ce trait doit vous surprendre.
Favorable à nos vœux, Charles, qui, si long-temps,
L'avait laissée en proie aux plus cruels tourmens,

Permit qu'en ce palais, pour calmer sa tristesse,
La fille de Mainfroi fût traitée en princesse.
Vain adoucissement des rigueurs de ses maux !
Elle passe les jours et les nuits sans repos,
Et sans cesse on la voit, les yeux baignés de larmes,
Invoquer le trépas pour finir ses alarmes.
Puisse votre présence apporter dans son cœur
D'un destin plus heureux l'espoir consolateur !
Ah ! seigneur, que je plains l'excès de ses misères !

PROCIDA.

Qui vient de ce côté ? Quel bruit.... ?

ROGER.

Ce sont nos frères.

SCÈNE II.

PROCIDA, ROGER, LORÉDAN, Guerriers siciliens.

UN SICILIEN.

Que vois-je ? Procida ! Se peut-il bien, grand Dieu ?
Quoi ! vous n'avez pas craint de paraître en ce lieu,
Seigneur ? Mais, parmi nous, quel bonheur vous ramène,
Et de nos oppresseurs vous fait braver la haine ?

PROCIDA.

Le désir de revoir tous ces dignes guerriers
Dont Charles vainement veut flétrir les lauriers ;

Ces héros généreux, et de qui la vaillance
Avait su mériter une autre récompense;
Ces fidèles sujets du malheureux Mainfroi,
D'un prince regretté tous amis comme moi.

UN AUTRE.

A ce soin généreux qui peut vous méconnaître?

PROCIDA.

Ne pouvant me résoudre à fléchir sous un maître,
J'ai fui de la Sicile, et je vous ai quittés,
Chers amis : que de pleurs ce départ m'a coûtés !
Peut-être plus de gloire eût recouvert ma vie,
Si je fusse avec vous resté dans ma patrie.
Je n'eus point ce courage. Ah ! combien loin de vous
J'ai déploré les maux qui nous accablent tous !
Partout où je fuyais, je traînais ma souffrance.
Combien j'ai, comme vous, souhaité la vengeance !
De retour à Palerme, enfin je vous revois.
Bravant de nos vainqueurs les odieuses lois,
Proscrit de mon pays, j'ose encore y paraître.
Il ne tiendra qu'à vous que j'y reste peut-être.
Il est peu de Français de qui je sois connu.
De mon retour personne ici n'est prévenu :
Charles l'ignore; avant qu'il ait pu s'en instruire,
Mettons-nous en état qu'il ne puisse nous nuire.
De vos cœurs généreux déjà je suis compris.
Voyez si Procida sait aimer son pays !

Amis, ne dites plus qu'avec indifférence
Je vous ai vus passer sous le joug de la France !
Ne me reprochez point d'avoir fui lâchement ;
Je vous ai tous servis ! Écoutez un moment.
A l'horreur de nos maux ce jour va mettre un terme ;
Connaissez Procida. Si j'ai fui de Palerme,
Si j'y rentre aujourd'hui, ma fuite et mon retour
Ensemble à mon pays prouveront mon amour ;
Chérissez tous l'emploi d'une si longue absence ;
Apprenez-en le but, chers amis : la vengeance !
Il ne tient plus qu'à vous de finir nos malheurs.
Au bras de Procida joignez vos bras vengeurs.
Pleins de mépris pour nous, sans pitié pour nos larmes,
Les Français... Quel abus du succès de leurs armes !
De la Sicile entière ils se font les bourreaux ;
Nous ravissent nos biens, nous accablent d'impôts,
Insultent la vertu, maltraitent nos familles,
Arrachent de nos bras nos femmes et nos filles.
Votre courage, amis, pourrait-il plus long-temps
Souffrir les cruautés de ces lâches tyrans ?
Et pour être vaincus en seriez-vous moins hommes ?
Montrons à l'univers, tout captifs que nous sommes,
Qu'un peuple, accoutumé de vivre en liberté,
Est même à craindre encor dans sa captivité.
Frappons, exterminons ces vainqueurs téméraires,
Que leur sang soit le prix des larmes de nos frères.
Amis, c'est cet espoir qui m'a conduit vers vous.

UN SICILIEN.

Ah ! puissent-ils enfin expirer sous nos coups !

UN AUTRE.

Pour détruire avec vous un pouvoir sanguinaire,
Pour servir vos projets, parlez, que faut-il faire ?

UN AUTRE.

Nous ne sommes que trop fatigués des tyrans.

PROCIDA.

Oui, la patrie en vous retrouve ses enfans !
La vengeance tardive aujourd'hui se déclare.
Mainfroi, reçois nos vœux. Et toi, tyran barbare,
Qui si long-temps sur nous exerças tes fureurs,
Tremble : le ciel est juste ; il arme des vengeurs !
C'est peu d'être à jamais hors du joug de la France ;
Admirez votre sort : le ciel, en sa clémence,
Par l'organe de Rome a nommé notre roi ;
Ce digne successeur du malheureux Mainfroi,
C'est don Pèdre, l'époux qu'il choisit à sa fille.
Le trône de Conrad reste dans sa famille.
Oui, Roger, nous pouvons espérer d'heureux jours.
Byzance à l'Aragon prodigue ses secours.
Déjà, pour délivrer la Sicile alarmée,
L'empereur et don Pèdre assemblent leur armée ;
Et la France trompée, ignorant leurs desseins,
Propice en son erreur à ces deux souverains,

Leur ouvre ses trésors. Ainsi contre la France,
La France, l'Aragon, la Sicile et Byzance
S'étonnent de se voir tout à coup réunis;
Et moi seul, j'ai tout fait, pour vous et mon pays!
Toutefois j'ai promis le signal du carnage,
Et si je sais juger votre noble courage,
Compagnons, il n'est plus d'obstacle à nos projets.

LORÉDAN.

Et comptez-vous pour rien la valeur des Français?

PROCIDA.

Je la connais; mais rien ne me surprend en elle.
Et je veux, détruisant l'autorité cruelle
Qu'ont sur nous ces vainqueurs audacieux et fiers,
En brisant notre chaîne étonner l'univers.
Aux peuples asservis que nous donnions l'exemple,
Et qu'à la liberté nous élevions un temple!
Que nos noms immortels aillent à nos neveux
Apprendre qu'ils ont eu des hommes pour aïeux!
C'est trop long-temps souffrir une injuste puissance;
Il vous faut comme à moi la mort ou la vengeance.
Sans crainte et sans pitié massacrons nos bourreaux;
Allons, le fer en main, leur creuser des tombeaux.
Que ce Charles d'Anjou, que tout mon cœur déteste,
Reçoive de mon bras la mort la plus funeste;
Que son trône, ébranlé par ses nombreux forfaits,
Écrase, en s'écroulant, tous ces mêmes Français

Dont la férocité fait gémir la Sicile.
Ces tigres, trop long-temps redoutés dans cette île,
Enhardis par leur maître aux crimes les plus noirs,
Des vainqueurs, en mourant, apprendront les devoirs;
Ils sauront, mais trop tard, qu'on doit par la clémence
Enchaîner les vaincus sous son obéissance.
Quant à vous, Lorédan, je vois avec douleur
Que, des Français déjà redoutant la valeur,
Ou d'un esprit content servant leur tyrannie,
Vous puissiez balancer entre eux et la patrie.
Qu'aurait donc le trépas pour vous de si cruel?
Mourir pour son pays, c'est mourir immortel!

LORÉDAN.

Seigneur, ne croyez pas qu'un moment je balance
A périr, s'il le faut, pour notre indépendance.
Mais, quand le bien public dépend de nos succès,
Nous devons redouter les armes des Français.
Ce peuple a tant montré de courage et d'adresse,
Que le craindre aujourd'hui n'est point une faiblesse.

PROCIDA.

Sans doute les Français, justement renommés,
Sont vaillans aux combats et partout estimés.
Mais chez nous emportés loin d'eux par la licence,
Les Français ne sont plus les Français de la France:
Charles par son exemple a corrompu leurs cœurs;
Leurs vertus maintenant se changent en noirceurs.

Vainement nous pleurons l'excès de nos misères ;
Leur cruauté féroce est sourde à nos prières ;
Elle ose insulter même aux fers que nous portons.
Mais nous leur vendrons cher les maux que nous souffrons.
Amis, consolons-nous, ils mourront les barbares !
De carnage, en frappant, ne soyons point avares ;
Nous pouvons sans trembler nous mesurer contre eux.
Qui ne craint point la mort est assez courageux.
Jurez donc avec moi, jurez sur cette épée,
Qui du sang des tyrans bientôt sera trempée,
Qu'égorgés par nos mains ces indignes vainqueurs,
Avant la fin du jour expieront leurs fureurs.

PLUSIEURS SICILIENS.

Oui, tous nous le jurons !

(Ils font tous serment avec leur épée sur celle de Procida.)

ROGER.

Et périssent les traîtres
Qui pourraient en secret regretter de tels maîtres !

LORÉDAN.

Je le jure moi-même !

PROCIDA.

Entends, ô mon pays,
Ces sermens généreux des plus chers de tes fils !
Allez ; mais cachez bien mon retour à Palerme.
Notre captivité touche enfin à son terme !

SCÉNE III.
PROCIDA, ROGER, BÉATRICE, CONSTANCE.

BÉATRICE, à Constance.

O ciel! c'est Procida! Que vient-il faire ici?
Veut-il de mes malheurs me consoler aussi?

PROCIDA.

Sans doute ma présence a de quoi vous suprendre.

BÉATRICE.

A vous revoir, seigneur, je ne pouvais m'attendre.
Je croyais pour toujours que vous aviez quitté
Ce pays maintenant du malheur habité.

PROCIDA.

Eh! deviez-vous penser, princesse infortunée,
Que pour jamais mon cœur vous eût abandonnée?
Qu'insensible aux tourmens que vous avez soufferts,
Aux maux de ma patrie, à l'horreur de nos fers,
J'existasse un moment sans songer à détruire
D'un tyran abhorré le despotique empire?
Séchez, séchez vos pleurs, notre sort va changer.
Et toi qui m'as remis le soin de te venger,
Qu'un moment, ô Mainfroi, ton ombre se console!
Encor quelques instans, moi-même je t'immole
Celui dont la fureur a causé ton trépas,
Et dont le souffle impur infecte tes États.
Oui, madame, croyez cette douce espérance;
Partagez le plaisir que donne la vengeance!

BÉATRICE.

Et quel plaisir, seigneur, de voir couler du sang?
Je ne veux que la mort. Entends-moi, Dieu puissant!

PROCIDA.

Du Dieu qu'invoque ici votre tristesse extrême,
Madame, oubliez-vous quelle est la loi suprême?
Et dans votre malheur ignorez-vous encor
Que c'est la mériter, de demander la mort?
De votre désespoir calmez la violence,
Souffrez votre misère avec plus de constance.
Et si le ciel enfin touché de nos malheurs,
Veut par un sang abject éteindre nos douleurs;
S'il a marqué ce jour pour sauver la patrie;
Si Charles doit périr : que votre âme attendrie
N'aille point s'oublier jusqu'à plaindre sa mort.
Hélas! sans sa fureur, Mainfroi vivrait encor;
Il régnerait, madame, et la Sicile entière
N'aurait point, comme vous, à regretter un père,
A pleurer, et surtout à venger son trépas.
O toi, qui vois nos maux, ciel! seconde mon bras;
Que ce jour, renversant une puissance horrible,
Laisse à tous les tyrans un exemple terrible!

BÉATRICE.

Hélas!

PROCIDA.

Consolez-vous, et calmez vos douleurs;
Demain, vous n'aurez plus à répandre de pleurs.
Ah! Roger!... Viens, ami.

SCÈNE IV.

BÉATRICE, CONSTANCE.

BÉATRICE.

Détestable vengeance,
Que je hais ta rigueur et ta persévérance !
Quoi ! ce jour où, sorti vivant de son tombeau,
Dieu de la vérité fit briller le flambeau,
Ce saint jour est choisi pour un meurtre effroyable !
Et l'on m'ose vanter un dessein si coupable !
Ah ! Constance, est-ce moi qu'ils prétendent servir ?
Hélas ! si tu savais ce qu'ils me font souffrir !

CONSTANCE.

Tant de soins généreux n'ont rien qui me surprenne :
Votre âme, je le sais, ne connaît point la haine :
Mais pourtant est-ce à vous de plaindre des vainqueurs
Dont la Sicile entière éprouva les fureurs ?

BÉATRICE.

Va, j'ai long-temps pleuré sur eux, sur ma patrie.
Mais ce qu'il faut enfin que mon cœur te confie,
Malgré tous les tourmens, les maux que j'ai soufferts,
Loin de les détester quand je portais leurs fers,
Je le leur pardonnais : Charles d'Anjou lui-même
Paraissait à mes yeux digne du diadême ;
Et je n'accusais rien que mon propre devoir
Qui semblait m'ordonner de haïr son pouvoir.

Mais ce qui fait surtout la honte qui me tue,
Et qui devait toujours te rester inconnue,
Après avoir long-temps langui dans ma prison,
Vois si je puis encore espérer mon pardon,
Je vis Charle... Un moment avant de le connaître
Je serais morte encore innocente peut-être,
Si le ciel, par pitié pour mes malheureux jours,
Eût prévenu mon crime, en terminant leur cours.
Mais non, c'était trop peu de mes douleurs mortelles,
Si d'un coupable amour les flammes criminelles
N'ajoutaient leur horreur à l'horreur des tourmens
Que déjà j'endurais depuis mes premiers ans :
Charles de son aspect remplit toute mon âme,
Et bientôt à mes pleurs je reconnus ma flamme.
Cependant jusqu'ici, fidèle au sang des rois,
Ma bouche en fait l'aveu pour la première fois,
Et dans le désespoir dont l'excès me dévore,
Contrainte de trembler pour des jours que j'adore,
Je veux aller au temple, y prier l'Éternel;
Qu'il donne au moins la force à ce cœur criminel
De cacher à tout autre, en ce désordre extrême,
Ce qu'il voudrait pouvoir se cacher à lui-même.

FIN DU PREMIER ACTE.

Acte second.

SCÈNE PREMIÈRE.

D'un côté du théâtre se placent des guerriers français, et de l'autre tous les nobles Siciliens admis à la cour de Charles, parmi lesquels se trouvent les conjurés, Procida excepté. Ensuite entrent le roi et Montfort.

CHARLES, MONTFORT, GUERRIERS FRANÇAIS ET SICILIENS.

CHARLES.

Illustres chevaliers, Siciliens et Français,
Vous tous également devenus mes sujets,
Je viens vous annoncer ma volonté suprême.
Le sort, qui sur mon front plaça le diadème,
Soumit, dès ce moment, la Sicile à mes lois :
Ce trône fut le prix de mes nobles exploits.
Je gouvernais en paix, lorsqu'un peuple rebelle
Leva contre son prince une main criminelle.
Mais, voyant ma puissance et son peu de pouvoir,
Ce peuple mutiné rentra dans le devoir.

Cependant, irrité, trop justement peut-être,
Sur des sujets conquis je ne régnais qu'en maître;
Sans pitié, méprisant leurs efforts superflus,
En vainqueur outragé je traitais les vaincus.
Trop loin, je l'avoûrai, je portai ma vengeance.
D'un destin plus heureux embrassez l'espérance :
Je régnais par la force, et je veux qu'aujourd'hui
L'amour des Siciliens soit mon plus ferme appui;
Je veux à me chérir, et non plus à me craindre,
A force de bonté, désormais les contraindre :
Mon cœur n'a plus contre eux aucun ressentiment.
Déjà, pour commencer cet heureux changement,
Que le plus grand des biens, que leur plus chère idole,
Qu'enfin l'unique objet vers qui tout peuple vole,
La liberté, rendue à mes nombreux sujets,
Soit pour eux le signal de mes autres bienfaits.
Peut-être mes lauriers suffisent à ma gloire;
Mais je veux que mon règne honore ma mémoire,
Et que, mes jours éteints, les plus justes regrets
Gravent mon souvenir aux cœurs de mes sujets.
De trop d'orgueil mon âme est peut-être coupable;
Mais cet orgueil, en moi, je le crois estimable.
Puisse le ciel, propice à mon noble désir,
Me laisser vivre encore assez pour l'accomplir !
Au roi des rois, à Dieu, c'est la grâce dernière
Que je demande au nom de la Sicile entière.
Tels sont les sentimens que mon cœur m'a dictés.

ACTE II, SCÈNE II.

(Aux Siciliens.)
Vous qu'admit à ma cour l'éclat des dignités;
(Aux Français.)
Vous qui m'avez suivi dans toutes mes conquêtes,
Auprès de mes sujets, soyez mes interprètes.
Désormais à ma cour tous vus également,
Vous ne paraîtrez plus rangés séparément;
Vous êtes tous sujets d'un prince qui vous aime,
Et qui veut à l'instant vous réunir lui-même.
(Ils se réunissent.)
Voilà ce que voulait vous dire votre roi.
Allez, je crois pouvoir compter sur votre foi.

SCÈNE II.

CHARLES, MONTFORT.

MONTFORT.

O généreux monarque, ô prince magnanime!
O héros que j'admire, et que l'Europe estime!
Permettez qu'un guerrier blanchi dans les combats,
Qui vous vit tant de fois, affrontant le trépas,
Tout couvert de lauriers, tout rayonnant de gloire,
Combattre avec audace, et fixer la victoire,
Témoigne quelque joie en voyant en ce jour
Charles à ses sujets assurer son amour.
Enfin les Siciliens n'auront plus à se plaindre.

Mais, sire, excusez-moi si je ne sais point feindre ;
Ce peuple, qu'aujourd'hui vous paraissez chérir,
Réduit à l'esclavage, eut long-temps à souffrir ;
Il est, vous le savez, enclin à la vengeance ;
Le plus grand de ses maux c'était son impuissance :
Le voilà libre enfin par votre volonté ;
Craignez qu'il n'use mal de cette liberté.

CHARLES.

Le ciel m'a fait une âme au-dessus de la crainte :
Ma volonté n'est point l'effet de la contrainte.
Les Siciliens captifs ont gémi dans les fers :
Je puis me reprocher les maux qu'ils ont soufferts.
Tu sais à quels excès se porta ma vengeance.
Combien ils ont payé leur coupable insolence !
Mais, malgré leur menace, ai-je craint leur courroux ?
Ai-je même cherché de prévenir leurs coups ?
De sujets que deux fois je conquis par les armes,
Pourrais-je redouter les frivoles alarmes ?
D'ailleurs, dois-je les croire à tel point dangereux
Qu'ils soient à craindre encor quand je comble leurs vœux ?

MONTFORT.

Puisse au moins la Sicile, à ses devoirs fidèle,
Mériter aujourd'hui tant de bontés pour elle !

CHARLES.

C'est un dessein, Montfort, arrêté dans mon cœur ;

Je les veux désormais traiter avec douceur.
Quoi donc! quand par des lois qu'enfantait ma colère,
Mon bras les enchaînait sous un joug arbitraire,
Je ne voyais qu'agens complaisans à haïr
Qui, doublant ces rigueurs, s'en faisaient un plaisir.
J'ordonnai de Mainfroi qu'on gardât la famille;
Eh bien! de fers cruels ils ont chargé sa fille.
Justement indigné de cet acte odieux,
Moi-même j'ai voulu m'offrir devant ses yeux...
S'ils ont cru m'obéir par tant de violence,
Il faut qu'ils soient bien bas dans leur obéissance!...
Si tu savais quel charme!... Ah! Montfort, non jamais
Mes regards enchantés n'avaient vu tant d'attraits!
Soit que le triste aspect de sa retraite obscure
L'embellît à mes yeux d'une grâce plus pure,
Soit plutôt qu'en secret me reprochant ses pleurs
J'eusse été plus touché de ses vives douleurs,
Malgré moi, transporté de plaisir et d'ivresse,
J'admirais, cher Montfort, jusques à sa tristesse.
Je ne sais quel pouvoir, s'emparant de mes sens,
Infiltrait dans mon sein ses doux enchantemens;
Mais à tous ses geoliers, à leur fureur extrême,
Je me sentais heureux de l'arracher moi-même!
Depuis ce jour, en vain je voudrais m'en cacher,
Je sens que nul effort ne m'en peut détacher.
Que veux-tu? dans mon cœur c'est faiblesse ou délire,
Mais de l'amour enfin je reconnais l'empire.

MONTFORT.

Tout autre que Montfort, après de tels aveux,
Pourrait, pour vous flatter, applaudir à vos feux;
Mais, seigneur, j'aime trop votre gloire et vous-même
Pour vous cacher combien ma surprise est extrême.
Las de voir vos sujets s'irriter contre vous,
Vous éteignez pour eux votre injuste courroux;
Votre âme tout entière, ouverte à la clémence,
D'un bonheur infini leur montre l'espérance;
J'enviais qu'on ne dût un destin si flatteur
Qu'à vous, qu'à votre seule et royale grandeur;
Mais je vois trop d'où vient ce changement prospère,
Et quels vœux vos bontés ont voulu satisfaire.

CHARLES.

Je ne m'en cache pas. Accoutumé de voir
Tous les Siciliens détester mon pouvoir,
Je sentais tous les jours croître pour eux ma haine;
Ils gémiraient encor sous le poids de leur chaîne,
Si je n'eusse aujourd'hui, que tout change à mes yeux,
Appris à compatir aux maux des malheureux.
Oui, cher Montfort, je dois à Béatrice même
D'employer dignement l'autorité suprême.
Non que je veuille, ami, pour me justifier,
M'applaudir d'un amour que je dois oublier;
Je le dois, je le veux. Je connais ma faiblesse;

Mais partout désormais je fuirai la princesse;
Je ne la verrai plus.

MONTFORT.

Eh bien! sans plus tarder,
Seigneur, quittez Palerme, et songez à garder,
Pendant que le secret est en votre puissance,
Sur cet amour fatal un éternel silence;
Et, maître encor de vous, rassemblez vos soldats,
A l'empire ottoman faites craindre ce bras,
Ce héros qui fit voir, à l'Europe étonnée,
La victoire à son char constamment enchaînée.
Tout ce vil peuple tremble au bruit de vos exploits;
Renversez cet État et ses barbares lois.
Ce beau projet remplit depuis long-temps votre âme;
Dans le sang infidèle éteignez votre flamme.
Allez, sans différer, à de nouveaux lauriers,
A de nouveaux combats conduisez vos guerriers.

CHARLES.

Ce dessein fut toujours présent à ma mémoire,
Et l'achever, Montfort, est utile à ma gloire.
Mon courage, offensé de l'orgueil du croissant,
Brûle d'exterminer cet État menaçant;
L'Europe avec horreur voit ce peuple barbare;
Sa perte préviendra les maux qu'il nous prépare;
Reçois-en le serment : à moins qu'au champ d'honneur

Le destin des combats trahisse ma valeur,
Qu'expirant sous les coups de cette race immonde,
Je prépare, en tombant, la ruine du monde.

MONTFORT.

J'aime à voir que du moins... Seigneur, quittons ces lieux.

CHARLES.

O ciel! déjà c'est elle... Il n'est plus temps... mes yeux...

MONTFORT.

Quoi! c'est ainsi.....

CHARLES.

C'est moi qui te demande grâce,
Ami; parcours ces murs, et vois ce qui se passe.

SCÈNE III.

CHARLES, BÉATRICE, CONSTANCE.

BÉATRICE.

C'est Charles!

CONSTANCE.

Juste ciel!

CHARLES.

De tant de cruauté
Voilà donc la victime! Oui, j'ai bien mérité

Le supplice cruel où mon âme est livrée,
De voir pour moi l'effroi dont elle est pénétrée,
Mon aspect l'importune. O destin rigoureux !

CONSTANCE, à Béatrice.

Pourquoi vous arrêter plus long-temps en ces lieux ?

CHARLES.

Je ne puis contenir les transports qui m'agitent.
(à Béatrice.)
Quoi ! madame, c'est moi que vos regards évitent !
D'un si cruel affront je ne me plaindrai pas :
Mon malheur l'a voulu ; j'en suis trop digne, hélas !
Où le sort m'a fait roi vous deviez être reine ;
Ma présence ne peut qu'augmenter votre haine.

BÉATRICE.

A l'excès des tourmens qui déchirent mon cœur,
Qui vous dit que la haine unisse sa fureur ?
A l'ordre des destins j'appris à me soumettre :
Aujourd'hui vous régnez où mon père était maître.
Êtes-vous sûr, demain, d'y commander encor ?
(Charles fait un mouvement.)
Est-ce de nous, seigneur, que dépend notre sort ?
Si le ciel a permis les tourmens que j'endure,
Je dois à son arrêt obéir sans murmure.

CHARLES.

Grand Dieu ! que de vertu ! Madame, sans horreur,

Quoi ! vous pourriez encor voir, entendre un vainqueur
Qui même détestant une illustre victoire,
A trouvé le malheur au faîte de la gloire ?

BÉATRICE.

Vous, seigneur, malheureux ? Quel étrange discours !
De vos prospérités voit-on tarir le cours ?
Aux vœux que vous formez le ciel même conspire.

CHARLES.

Il me refuse, hélas ! le seul bien où j'aspire.
Que m'importe l'éclat d'une vaine grandeur,
La puissance toujours ne fait pas le bonheur.
Toutefois je veux seul avoir lieu de me plaindre :
Tout mon peuple du moins va cesser de me craindre;
Déjà les Siciliens ressentent mes bienfaits,
Et de leurs fers brisés sont sortis pour jamais.

BÉATRICE.

Le ciel a donc enfin exaucé mes prières !

CHARLES.

J'ai dû les rendre heureux puisqu'ils sont tous vos frères.
Ah ! si pour tous les rois c'est un égal devoir
Que le bonheur public naisse de leur pouvoir,
Que pour mon cœur surtout ce devoir a de charmes !
Lorsque d'un peuple entier je bannis les alarmes,
Quand je romps leurs liens, quand je comble leurs vœux,

Je sais que c'est pour vous faire autant que pour eux.
Oui, madame, c'est vous dont la seule présence
Sut dicter à mon cœur ces arrêts de clémence.
Tant d'attraits vainement n'ont pas frappé mes yeux :
Hélas ! quand je leur dois de rendre un peuple heureux,
Pourquoi faut-il que seul, dans ma douleur cruelle,
Je tienne tous mes maux d'une source si belle !
Ce langage nouveau semble vous étonner ;
Mais dussiez-vous jamais ne me le pardonner,
Je sens que mon secret s'échappe de mon âme,
Qu'à vos yeux, malgré moi, je découvre ma flamme ;
Et c'est là ce tourment, cette vive douleur
Qui doit seule avec vous toujours vivre en mon cœur.
Que ne puis-je effacer une image si chère !
Ou que ne puis-je, au gré de la Sicile entière,
Rendre tant de vertus au trône de ses rois !
Combien vous me verriez esclave de vos lois !
Et, sujet trop heureux d'un si charmant empire,
Me plaire à vous aimer, me plaire à vous le dire !

BÉATRICE.

Ah ! seigneur, permettez... Que je souffre, grand Dieu !

SCÈNE IV.

CHARLES seul.

Elle me quitte ainsi ! Quoi ! c'est là son adieu !
Quoi ! pour toute réponse elle fuit ma présence !
Avec tranquillité j'ai pu voir cette offense !
D'où vient que mon courroux?.. d'où vient que ma fureur?..
O ciel ! voici Montfort.

SCÈNE V.

CHARLES, MONTFORT.

MONTFORT.

Je vous cherche, seigneur...
Mais quel trouble en vos traits semble encor se répandre ?

CHARLES.

Je n'ai rien, cher Montfort, et consens à t'entendre.

MONTFORT.

Un officier français, étranger parmi nous,
Veut, pour de hauts motifs, paraître devant vous.

CHARLES.

Qu'il entre, je l'attends.

SCÈNE VI.

CHARLES, MONTFORT, UN OFFICIER.

L'OFFICIER.

Sire, c'est une lettre
Qu'en vos royales mains j'ai l'ordre de remettre.

CHARLES.

Donnez.

SCÈNE VII.

CHARLES, MONTFORT.

CHARLES.

Du roi de France. O ciel! il se pourrait!...
Byzance et l'Aragon, réunis en secret,
Nous préparent, dit-il, une guerre sanglante.
Songeons à prévenir leur fureur menaçante;
Du moins voilà des soins dignes de m'occuper;
Ils pensent nous surprendre, il les faut détromper.

FIN DU SECOND ACTE.

Acte troisième.

SCÈNE PREMIÈRE.

PROCIDA seul.

De tout ce que j'apprends, ô ciel! que dois-je croire?
Ce coup de politique est digne de mémoire.
Quoi! Charles de son peuple aurait brisé les fers!
Il plaint, dit-il, les maux que nous avons soufferts.
Croira-t-on qu'un seul jour, d'un tyran si coupable,
Fasse un roi généreux, fasse un prince équitable?
Et quand il serait vrai; de quinze ans de malheurs
Oublierions-nous si tôt les injustes rigueurs?...
Mais non; ce tigre affreux que tout l'État déteste,
Nous prépare en secret quelque retour funeste :
Les bontés des tyrans m'ont toujours fait frémir.
Charles veut nous tromper; je saurai l'en punir;
Sa fourbe abominable aura sa récompense.
Plus je vois s'approcher l'heure de la vengeance,

Plus je sens s'augmenter ma rage et ma fureur,
Plus d'un tyran cruel j'ai le règne en horreur.

SCÈNE II.

PROCIDA, BÉATRICE.

PROCIDA.

A mes ressentimens, à l'ardeur qui m'enflamme,
A mon impatience, ah! pardonnez, madame,
Si je rentre en ces lieux, sans avoir sous mes coups
Et vengé mon pays, et votre père, et vous !
Nos tyrans vont tomber, et les foudres sont prêtes;
Le trépas, suspendu, balance sur leurs têtes.

BÉATRICE.

De votre dévoûment pour votre dernier roi,
Pour tout l'État, seigneur, pour nos frères, pour moi,
Je ne puis m'empêcher de vous louer moi-même.
Qu'il m'est doux de trouver dans un sujet que j'aime,
Pour son pays, son roi, tant de fidélité,
Et surtout tant d'amour pour notre liberté !
Cependant de mon cœur excusez la faiblesse;
Vous connaissez combien ce peuple m'intéresse !
Vous savez s'il m'est cher! Comme vous aujourd'hui
Je bénirais mon sort en périssant pour lui.

Mais je ne puis songer, sans en gémir d'avance,
Qu'il faille de son sang acheter la vengeance :
Encor permettez-moi de douter du succès;
Vous connaissez, seigneur, la valeur des Français.
Ce doute en rien, je crois, n'offense votre gloire.
Mais, dussiez-vous enfin remporter la victoire,
De pareils ennemis ne la céderont pas
Que beaucoup d'entre vous n'aient reçu le trépas.
Et ne serait-ce point faire outrage à mon père,
Et regarder Mainfroi comme un roi sanguinaire,
Que de venger, seigneur, sa mémoire à ce prix?

PROCIDA.

Je vois que la douleur égare vos esprits.
Ce peuple malheureux eût été moins à plaindre
S'il n'avait eu jamais que le trépas à craindre.
Ayez plus de courage avec moins de bonté.
Quand un combat sanglant promet la liberté,
Où sont donc les captifs qui d'une âme ravie
N'y courraient point en foule et craindraient pour leur vie?

BÉATRICE.

Mais nos fers sont brisés; Charles les a rompus :
Faut-il venger des maux que nous ne souffrons plus?

PROCIDA.

Vous en croyez trop tôt un espoir si frivole;

On vous trompe, et le ciel ordonne qu'on immole
Un tyran imposteur que le crime a fait roi.
J'ai promis tout son sang aux mânes de Mainfroi :
J'aurai rempli bientôt cette promesse auguste.
Je plains votre douleur : elle est peut-être juste
Dans un cœur généreux et prompt à pardonner.
Cependant vos discours ont droit de m'étonner.
Votre père en mes bras a terminé sa vie ;
Ses larmes ont coulé pour vous, pour la patrie.
Mainfroi, laissant son trône au pouvoir du vainqueur,
Madame, au nom du ciel me nomma son vengeur.
Cet honneur accepté, je vis croître mon zèle,
Je promis d'obéir, et je serai fidèle.
Béatrice, et c'est vous qui retenez mon bras !
Qui, de ses meurtriers, arrêtez le trépas !
Mais mon devoir trop haut parle au fond de mon âme,
Et je n'écoute rien que l'ardeur qui m'enflamme.
Oui, j'aime mon pays : mourir pour le sauver,
Cet honneur m'appartient, et je saurai braver
Des vainqueurs orgueilleux dont le pouvoir m'outrage.
Ils verront ce que peut inspirer de courage
La patrie à défendre et l'honneur à venger,
Dans un cœur plein d'horreur pour un joug étranger !

SCÈNE III.

PROCIDA, BÉATRICE, ROGER.

ROGER.

Tout Palerme est instruit des volontés de Charle.
Partout, de tous côtés, on s'écoute, on se parle.
Le peuple, défiant, flotte encore incertain;
Il semble redouter quelque secret dessein.
Ce changement subit l'étonne, sans lui plaire.
On sait que des tyrans la faveur ordinaire
Est le signe certain de quelque cruauté.
On voudrait la vengeance avec la liberté.
On nomme Procida; le bruit court dans la ville
Que vous devez bientôt reparaître en cette île :
Chacun avec ardeur embrasse cet espoir;
Nos plus fiers citoyens brûlent de vous revoir,
Et même paraîtraient vous savoir à Palerme.
Quant à nos conjurés, chacun d'un esprit ferme
Semble attendre l'instant où leurs vaillantes mains
Doivent exterminer nos vainqueurs inhumains.
Puisse votre retour, à nos vœux si prospère,
N'être su du tyran qu'à son heure dernière!

PROCIDA.

Le ciel veille sur nous, le ciel est notre appui;

Nous n'avons rien à craindre, espérons tout de lui.
Vous, madame, fuyez vos mortelles alarmes;
Priez ce ciel vengeur de protéger nos armes.
Et nous, préparons tout pour ces momens heureux
Qui d'un pouvoir barbare affranchiront ces lieux.

SCÈNE IV.

BÉATRICE seule.

Dans l'horreur où me plonge un amour si coupable,
Que tout ce que je sens rend mon sort déplorable !
Quel est donc ce courage, à moi seule inconnu,
Que donne à tous les cœurs l'amour de la vertu ?
Ou quel est donc plutôt cette aveugle furie
Qui fait chercher la mort au seul nom de patrie ?...
Massacrer des héros, en ont-ils bien l'espoir ?
Quoi ! c'est tant de forfaits qu'ils appellent devoir !
Quelle vertu farouche au crime les engage ?...
Ah ! si Charle, aujourd'hui victime de leur rage,
Se reposant sur eux, d'eux seuls environné,
Sous leurs perfides coups tombait assassiné !...
Grand Dieu ! si tu permets cette horrible vengeance,
De grâce, épargne-moi la cruelle souffrance
D'entendre un Procida me vanter ses forfaits ;
Qu'ici, le feu du ciel m'embrâse de ses traits,
Ou plutôt, succombant à l'ardeur qui m'enflamme,
Que je meure du feu qui brûle dans mon âme !

SCÈNE V.

BÉATRICE, CONSTANCE.

BÉATRICE.

Ah! ma chère Constance, est-ce toi que je vois?
Viens consoler mon cœur. Hélas! épargne-moi
Le reproche des maux où mon âme s'abaisse!
J'aurais dû plus long-temps te cacher ma faiblesse,
Le sujet de mes pleurs, ma honte, mes ennuis,
Ce feu qui me consume et l'horreur où je suis.
A quels affreux tourmens ma vie est condamnée!
Ce n'est que pour souffrir, hélas! que je suis née!
Non, je n'ai plus d'espoir. Charles, tu périras!
Les destins ont enfin résolu ton trépas.
Procida, dans son cœur inflexible et barbare,
Et prodigue d'un sang dont le ciel est avare,
Procida veut ta mort : il est près de frapper.
A sa lâche fureur tu ne peux échapper.
Rien ne s'oppose aux coups dont son bras te menace,
Rien ne peut réprimer sa rage et son audace.
Dans son projet en vain j'ai voulu l'arrêter;
Il adore son crime et va l'exécuter.
Je suis bien malheureuse! et mon cœur, qui s'oublie,
Dans ses combats honteux voudrait perdre la vie.

CONSTANCE.

Que je vous plains, madame! et combien vos douleurs
De mes yeux en ce jour ont arraché de pleurs!
Quels destins ennemis ont fait naître en votre âme
Ces transports violens d'une funeste flamme?
Hélas! d'un tel aveu que mon cœur est surpris!
Le ciel refuse-t-il la force à vos esprits
De vaincre cet amour que vous pleurez sans cesse?
Ah! songez que Mainfroi... Malheureuse princesse,
Celui que votre cœur adore malgré vous
Et qui vous ose aimer, songez que sous ses coups
Votre père est tombé. Mainfroi fut sa victime :
S'il triompha de lui, sa victoire est un crime.

BÉATRICE.

Va, mon cœur est bien loin d'approuver mon amour.
Mais comment l'oublier, lorsqu'en ce même jour,
A ton étonnement, à ma surprise extrême,
J'apprends de mon amant, hélas! que Charles m'aime.
Pourtant garde-toi bien, garde-toi de penser
Qu'au mépris de mon sang j'aille encor m'abaisser
Jusqu'à lui déclarer mes tourmens et ma honte...
Ah! je voudrais mourir de la mort la plus prompte!
On vient. O ciel!

SCÈNE VI.

CHARLES, BÉATRICE, CONSTANCE.

CHARLES.

Madame, en vous ouvrant mon cœur,
Je vous ai fait assez connaître mon ardeur,
Le trait qui me déchire et les maux que j'endure.
Blessé de vos refus, mais souffrant sans murmure,
Je ne viens point, armé d'un indigne courroux,
De mes vœux dédaignés me plaindre devant vous :
Il vaut mieux oublier qu'on m'a fait cet outrage :
Je viens à vos attraits rendre un dernier hommage.
Je vais loin de ces murs, surtout loin de vos yeux,
Chercher dans les combats un destin plus heureux :
Demain je pars... demain vous serez délivrée
De l'horreur dont pour moi vous êtes pénétrée,
Si, pour l'être, il suffit que, dussé-je en mourir,
Vous n'ayez plus, du moins, mon aspect à souffrir.

CONSTANCE.

Hélas !

BÉATRICE à part.

A quelle épreuve, ô ciel ! m'as-tu réduite !
Et comment lui cacher le trouble qui m'agite ?...
(à Charles.)
Ah ! seigneur, se peut-il que l'âme d'un héros

Connaisse des amans la faiblesse et les maux!
Vous savez qui je suis et quel était mon père...
Gardez mieux d'un grand roi le sacré caractère.
Captive dans ces lieux, ce n'est pas à mon cœur
Que devait s'adresser une telle faveur :
Les plus cruels tourmens sont seuls faits pour mon âme,
Seigneur, et c'est assez vous dire...

CHARLES.

Oui, madame,
C'est assez m'affliger de reproches cruels,
Et déchirer mon cœur par des regrets mortels.
Autant que mon amour ma douleur est extrême.
Je sais trop que Mainfroi...

SCÈNE VII.

LES MÊMES, MONTFORT.

MONTFORT.

Sire, en ce moment même
Procida, dans ces lieux, vient d'être reconnu ;
Devant vous on l'amène.

BÉATRICE.

O ciel !

CONSTANCE.

Il est perdu !

CHARLES.

Madame, calmez-vous, rien encor n'est à craindre;
Je devrais le punir, mais je puis me contraindre.

SCÈNE VIII.

Les Mêmes, PROCIDA, Gardes.

CHARLES.

C'est lui! Ne cherchez point à me rien déguiser;
Quittez pour un moment l'espoir de m'abuser.
Loin de votre patrie un exil volontaire
Vous déroba long-temps à ma juste colère.
Si je n'eusse prévu vos perfides desseins,
Vous vouliez, de l'Europe armant les souverains,
Me ravir ma couronne, et perdre la Sicile,
Car vous ne pensez pas qu'il eût été facile
De m'enlever un bien qui me coûte si cher;
Et ce pays partout ravagé par le fer,
Victime innocemment de votre aveugle rage,
Dans l'excès de ses maux aurait vu votre ouvrage.
C'est ainsi que, rempli d'une injuste fureur,
Vous alliez parmi nous apporter le malheur.
Vous aimez la Sicile, et votre excès de zèle
Aurait cru la servir en conjurant contre elle
Tous les peuples ensemble armés pour l'accabler;

ACTE III, SCÈNE VIII.

Et par vous on aurait vu se renouveler
Ces jours de sang, ces jours de meurtre et de carnage,
Qui valurent enfin le trône à mon courage.
Sans doute à cet aspect, qui vous eût fait frémir,
La fureur eût en vous fait place au repentir;
Et vous eussiez maudit une horrible vengeance,
Qui vous eût attiré le courroux de la France.
Mais le projet enfin d'attenter à mes jours
Vous rend coupable assez. Pensez-vous que toujours
J'ignorerais l'horreur de cette trame affreuse?
Ou pensez-vous plutôt, par une adresse heureuse,
Au sein de mes États vous cacher à mes yeux,
Pour oser aujourd'hui reparaître en ces lieux?

PROCIDA.

Quel que soit en ces murs le sort qui me rappelle,
Je n'en dois aucun compte. Ami, sujet fidèle
D'un roi qui, du malheur essuyant le pouvoir,
Mourut en remplissant dignement son devoir,
En défendant son peuple; ami de ma patrie,
A les servir tous deux j'ai consacré ma vie.
C'est vous qui de Mainfroi causâtes le trépas,
Et qui depuis quinze ans régnez dans ses États.
Je n'ose dire ici, par respect pour sa fille,
Les maux dont tu te plus d'accabler sa famille;
Mais mon cœur dès long-temps brûle de t'en punir,
Et ma fureur jouit de t'en entretenir.

Je te parais hardi d'oser en ta présence,
Affrontant ton pouvoir, te parler de vengeance;
Mais je ne te crains plus : mes desseins sont remplis.
J'attends la mort de toi. J'ai servi mon pays,
Mainfroi sera vengé; mon âme est satisfaite.
Tu ne peux échapper au coup que l'on t'apprête:
Ta mort suivra la mienne; et je venge à la fois
Mon pays et moi-même et le sang de mes rois.

MONTFORT.

Quoi! seigneur, se peut-il que votre bras balance
A punir sur-le-champ cet excès d'insolence?
Verrai-je ce rebelle avec impunité
De son roi devant vous braver la majesté?
Sans doute tant d'audace a droit de vous surprendre.
Tout confus du forfait que vous venez d'apprendre,
Le choix du châtiment fait seul votre embarras.
Pour prix de tant d'horreur qu'est-ce que le trépas?

PROCIDA.

Parle; qu'ordonnes-tu? Je suis en ta puissance.
Avant que de périr, jouis de ta vengeance.
Mais, lorsque d'un poignard ton cœur sera blessé,
Souviens-toi que c'est moi qui t'en aurai percé.

CHARLES.

Quoi! ce n'est point assez que ton âme féroce
Ait de tous les complots formé le plus atroce,

Ta lâche barbarie ose encor s'en vanter !
Par ce ton menaçant crois-tu m'épouvanter ?
Au trône de Mainfroi placé par la victoire,
Ma puissance s'étend aussi loin que ma gloire.
L'Église en ma faveur fit entendre sa voix.
Mais, sans vouloir ici justifier mes droits,
Le sang des rois de France était digne, peut-être,
A la Sicile, à toi, de vous donner un maître.
J'abusai, dites-vous, de mon autorité.
Le malheur devait être un peu plus respecté,
Je confesse mes torts ; que ce jour les répare.
Je suis aussi clément que ton cœur est barbare.
Tu sais que la Sicile est libre désormais.
Je veux de biens, d'honneurs combler tous mes sujets.
D'un soin officieux j'appaiserai leur plainte :
Ils pourront tous me voir et me parler sans crainte.
Dans ce jour où mes yeux s'ouvrent à la clarté,
Mon âme s'ouvre enfin à la félicité.
Vers un autre bonheur quelqu'attrait qui m'attire,
Le bonheur de mon peuple est le seul où j'aspire.
Connais enfin jusqu'où je chéris la vertu :
Tu voudrais que je fusse à tes pieds abattu ;
Tu veux m'ôter la vie et renverser mon trône :
Tu mérites la mort, et mon cœur te pardonne.

MONTFORT.

Que faites-vous, seigneur ?

BÉATRICE à part.

     O ciel ! en est-ce assez !

CHARLES.

Je récompense ainsi ses services passés.
Qu'il vive et qu'il soit libre, et qu'enfin ma clémence
Aille plus loin encor que n'alla ma vengeance.
 (à Procida.)
Connaissez mieux mon cœur : vous m'avez entendu.
Dussé-je par vos mains voir mon sang répandu,
Je révoque un arrêt que suscita ma haine.
Quel que soit parmi nous le sort qui vous ramène,
Vous pourrez en nos murs fixer votre séjour;
Vous reprendrez vos biens, votre rang à la cour.
Je ne mets aucun prix à ce que je vous donne,
Et ma seule bonté, Procida, vous pardonne.

BÉATRICE.

J'ai peine à revenir de tout ce que je voi.

CHARLES.

C'est ainsi que je traite un sujet de Mainfroi,
Madame; j'oublierai son projet sanguinaire.
Je vous rends un ami, l'ami de votre père;
Ces noms vous sont sacrés, j'ai dû les respecter.
Trop heureux si par là je pouvais mériter
Que tous les cœurs pour moi formassent moins de haine,
Et qu'on eût à me voir désormais moins de peine,

SCÈNE IX.

BÉATRICE, PROCIDA, CONSTANCE.

PROCIDA.

Je ne puis croire encore à mon étonnement.
Veillé-je?... ou s'il est vrai que Charle en ce moment
Me laisse en liberté. Quelle est son espérance?
Quoi donc a dans son cœur fait parler la clémence?
D'où vient que ce respect, si long-temps méconnu,
Madame, devant moi, par lui vous est rendu?
Quel sentiment nouveau l'attendrit et l'anime?
Depuis plus de quinze ans que sa main nous opprime,
Triste effet des remords dont il est déchiré,
Veut-il toucher le ciel contre lui conjuré?
Prétend-il, par ses soins, écarter la tempête
Et les foudres tout prêts d'éclater sur sa tête?

BÉATRICE.

Eh bien! vous le voyez, seigneur; qu'il fût cruel,
Que son ambition l'ait rendu criminel,
Nous lui devons vos jours, et peut-être sa vie
Est désormais utile aux soins de la patrie.
Il ne mérite plus enfin notre courroux;
Soyons justes pour lui, s'il est clément pour nous.

PROCIDA.

Adieu, madame, adieu.

SCÈNE X.

BÉATRICE, CONSTANCE.

BÉATRICE.

Cœur cruel et farouche,
J'espérais te fléchir; mais non, rien ne te touche.
Pour prix de tes bienfaits, Charles, tu périras;
Ta clémence aujourd'hui ne fait que des ingrats.
L'excès de ma douleur arrête seul mes larmes!

CONSTANCE.

Pourquoi vouloir toujours augmenter vos alarmes?

FIN DU TROISIÈME ACTE.

Acte quatrième.

SCÈNE PREMIÈRE.

CHARLES, BÉATRICE.

CHARLES.

Oui, madame, je pars; c'est la dernière fois
Qu'au sein de ce palais sans doute je vous vois;
Et je veux, aujourd'hui, sur tout ce qui vous touche
Que vous soyez du moins instruite par ma bouche.
Vous connaissez mon cœur : je n'ai pu plus long-temps
Vous laisser ignorer mes nouveaux sentimens.
Blessé par vous, trompé dans ma tendresse extrême,
J'en ai cru voir la cause, et je l'excuse même :
L'amour à son empire asservit tous les cœurs.
Peut-être a-t-il aussi quelque part à vos pleurs;
On eut vu s'appaiser vos mortelles alarmes,
Si quelqu'autre chagrin n'entretenait vos larmes.

Un autre aura trouvé grâce devant vos yeux :
Moi seul, je suis haï; tel est mon sort affreux.
Quel que soit ce mortel assez heureux, madame,
Pour mériter ces pleurs, pour régner sur votre âme,
Nommez-le-moi sans crainte. Avant de vous quitter,
Il est un beau devoir dont je veux m'acquitter :
A tel prix que ce soit, que vous soyez heureuse,
Je le veux; et qu'enfin votre âme vertueuse,
Même en me haïssant, m'estime malgré vous.
Quel que soit mon rival il sera votre époux.
Comptez sur ma parole, et faites-moi connaître,
Madame, en quelles mains, hélas! je dois remettre
Ce dépôt précieux qui me fut confié,
Ce digne et tendre objet d'une vive amitié,
Ces célestes beautés dont l'image chérie
Ne quittera jamais mon cœur qu'avec ma vie!

BÉATRICE.

Que parlez-vous, seigneur, de rival et d'époux?

CHARLES.

Quoi! l'amour jusqu'ici ne parla point en vous!

BÉATRICE à part.

Plût à Dieu qu'il dît vrai!

CHARLES.

     Dans mon malheur encore...
Mais non, c'est trop cacher ce rival que j'ignore;

J'en crois votre douleur, et j'en crois votre effroi ;
Vous n'osez confier son salut à ma foi ;
Pour vous-même et pour lui vous craignez ma vengeance :
Il me fallait encore endurer cette offense !

BÉATRICE.

Eh bien ! je le confesse : il est vrai que mon cœur
D'un amour malheureux ressent toute l'ardeur,
Je l'avoue à ma honte, et ma vive blessure
Est le sujet des pleurs dont ma vertu murmure ;
Mais ne prétendez pas que je nomme jamais
L'amant infortuné que mes faibles attraits
M'ont attaché peut-être autant qu'il m'a su plaire.
Une loi plus barbare encore que sévère
De mes tourmens cruels me fait un crime affreux,
Et nous ordonne enfin de nous fuir tous les deux.

CHARLES.

Ah ! quand le sort, trompant sa plus chère espérance,
Ravirait à ses vœux jusqu'à votre présence,
Et qu'il lui fallût perdre un bien si précieux,
Dans son malheur encor combien il est heureux !
Il sait qu'il est aimé !

BÉATRICE.

            Ciel ! que voulez-vous dire ?...
Il saurait sur mon cœur son éternel empire ?...
Mais non, il est bien loin de connaître pour lui

4

Tout l'excès de l'amour que je sens aujourd'hui.
Hélas ! de nos destins tel est l'arrêt sévère,
Il ignore, seigneur, même s'il m'a su plaire.

CHARLES.

Il l'ignore, madame; et vous, s'il vous chérit,
Vous ne l'ignorez pas?

BÉATRICE.

    Seigneur, il me l'a dit.

CHARLES.

Quelle contrainte veut qu'un amant qui vous aime,
Qui vous l'a dit, n'ait point de votre bouche même
Entendu prononcer cet aveu si flatteur
D'avoir su le secret de toucher votre cœur?...
Mais quoi! vous vous troublez... Quel rayon d'espérance
S'introduit dans mon âme? et d'où naît ce silence?
Ciel ! si j'étais... Mais non, si vous m'aimiez..., hélas !
Si je vous étais cher... vous ne voudriez pas
Me laisser plus long-temps gémir de l'injustice
Que me fait aujourd'hui le cœur de Béatrice.

BÉATRICE.

O mon père ! ô Mainfroi !

CHARLES.

    Dans quel abattement!...
Ces larmes, ces transports, ce trouble si charmant,

Cette rougeur qui pare encor votre visage,
De l'amour, en effet, serait-ce le langage?
Béatrice!

BÉATRICE, apercevant Montfort.

Ah! seigneur... éloignez-vous de moi,
Et songez que je suis la fille de Mainfroi.

CHARLES.

Vous l'ordonnez, madame : à regret je vous quitte.
(à part.)
Mais je vous reverrai... Quelle ivresse m'agite!
Ne me trompé-je point?... enfin serais-je aimé?

SCÈNE II.

BÉATRICE seule.

De quels transports nouveaux mon cœur est animé!
Mainfroi, tu vois l'horreur dont le fardeau m'opprime :
Frappe, voilà mon cœur, il se plaît dans son crime.

SCÈNE III.

BÉATRICE, CONSTANCE.

CONSTANCE.

Préparez-vous, madame, à tout ce que le sort
Peut offrir de cruel; faites-vous cet effort.
J'ai revu Procida.....

BÉATRICE.

Va, j'étais bien certaine
Que ce cœur inflexible, endurci par la haine,
Ferait payer bien cher à Charle, à sa bonté,
Le jour que lui laissait sa générosité.
Mais le voici ce tigre altéré de vengeance,
Et les siens avec lui; viens, fuyons leur présence.

SCÈNE IV.

PROCIDA, ROGER, LORÉDAN, LES CONJURÉS.

PROCIDA.

Illustres compagnons de mes nobles travaux,
De vaillance et d'audace admirables rivaux,
Ennemis déclarés contre la tyrannie,
Les vengeurs, les soutiens, l'honneur de la patrie,
Mes amis, mes égaux, Siciliens, écoutez :
Nous touchons aux momens ardemment souhaités
Où nous devons briser les chaînes de nos frères,
Et venger la Sicile et quinze ans de misères.
Charles semble à la fin fatigué de forfaits;
Il nous veut tous, dit-il, accabler de bienfaits.
Je l'avouerai : sachant quelle est pour moi sa haine,
J'avais pensé marcher vers une mort certaine,
Lorsqu'arrêté tantôt on m'a conduit vers lui;

Mais sans doute le ciel, qui seul est notre appui,
M'a voulu conserver contre mon espérance;
Et surpris comme vous de ce trait de clémence,
Si c'est là le vrai but d'un cœur dissimulé,
Dans mon étonnement enfin il m'a semblé,
Amis, pardonnez-moi ce moment de faiblesse,
Que j'avais oublié mes sermens, la promesse
Que j'ai faite à Mainfroi de venger son trépas,
Et de rendre surtout l'honneur à ses États.
Ciel! oubliais-je donc les illustres victimes
Dont Charle accrut encor le nombre de ses crimes,
Les enfans de Conrad dont il fut le bourreau,
L'épouse de Mainfroi descendue au tombeau
Par de longues douleurs et des tourmens horribles?
Quoi! sa victoire affreuse et ses suites terribles,
Et les proscriptions et les atrocités
Dont gémissent encor nos cœurs épouvantés,
Et le sang et les pleurs qui baignent la Sicile,
N'allumeraient en nous qu'un courage inutile!
Nous céderions, amis, sans avoir combattu!
Non, quand il serait vrai qu'en ce jour la vertu,
Que depuis si long-temps à nos yeux Charle outrage,
Enfin parlât en lui son sublime langage,
Qu'il pleurât tous les maux, les crimes qu'il a faits,
Son supplice peut seul expier ses forfaits;
Et nos cœurs, tous jaloux d'une illustre mémoire,
Ennemis des tyrans, mériteront la gloire.

De délivrer nos murs du plus cruel de tous.
Il ne peut plus enfin se soustraire à nos coups.
Tout le peuple aujourd'hui s'assemble dans le temple :
Charles s'y trouvera; jaloux qu'on le contemple,
Et que, rendant hommage au héros généreux,
On encense à l'envi son pouvoir orgueilleux :
C'est là qu'il faut qu'il meure; et, par un coup propice,
Aux mânes de Mainfroi l'offrir en sacrifice.
Marchons, ne craignons point les Français irrités;
Le peuple est fatigué de leurs atrocités;
Nous le verrons contre eux prendre notre défense :
Tous les cœurs, comme nous, ont besoin de vengeance.

LORÉDAN.

Avant d'exécuter ce dangereux projet,
Nous devons de l'État consulter l'intérêt;
Craignons qu'écoutant trop une aveugle furie,
Au lieu de la sauver, nous perdions la patrie.

ROGER.

Qu'entends-je! et quelle voix, lorsque nos bras vengeurs
Sont levés pour punir nos lâches oppresseurs,
De les défendre ici veut former l'entreprise?
Mais je ne devrais pas montrer tant de surprise :
Ne reconnais-je point l'ami de nos tyrans ?
Celui.....

PROCIDA.

Roger, arrête. Et toi, de tes enfans,

ACTE IV, SCÈNE IV. 55

Sicile, ô mon pays! raffermis le courage,
Et permets à leurs bras d'achever leur ouvrage!
Rallumé par nos mains, ô douce liberté!
Que ton flambeau partout répande sa clarté;
Après quinze ans de maux, que la Sicile entière
Goûte encor le bonheur d'en revoir la lumière!
Quant à vous, des Français protecteur généreux,
Soit par crainte pour vous, soit par pitié pour eux,
Lorédan, je vous rends le serment qui vous lie;
Vous êtes libre encor de servir la patrie,
De mourir pour sa cause, ou de l'abandonner:
Choisissez.

LORÉDAN.

Procida, daignez me pardonner :
A vous, à mon pays, mon bras sera fidèle.
Mais, seigneur, je l'avoue, il en coûte à mon zèle;
Et Charles en ce jour montre tant de grandeur
Que, malgré moi, je sens expirer ma fureur.
Sans parler de nos fers, qu'il a brisés lui-même,
Qui de nous s'attendait à sa clémence extrême
Lorsque le sort tantôt, trahissant nos desseins,
Avait mis de vos jours la trame dans ses mains?

PROCIDA.

Je ne m'étonne pas que ce bienfait vous touche;
Charles n'est plus pour vous cet ennemi farouche,
Ce tyran altéré des pleurs de ses sujets,

Qui, marquant tous ses jours par de nouveaux forfaits,
Sur le trône sanglant où l'ont conduit ses crimes,
Gouverna si long-temps un peuple de victimes.
Vous pensez qu'un seul jour a pu changer son cœur.
Je le veux comme vous : peut-être sa fureur
De larmes et de sang est enfin assouvie.
Je n'examine point si, maître de ma vie,
Instruit de mes projets, sa générosité,
Par politique, ici me laisse en liberté;
Si d'un peuple déjà fatigué d'esclavage,
Il craignait que ma mort n'irritât le courage,
Tandis que son pardon le flattait que ma main
N'oserait enfoncer le poignard dans son sein :
Je rends grâces au ciel de ce trait de clémence
Qui me permet encor l'espoir de la vengeance
Que ma bouche et mon cœur ont jurée à Mainfroi,
A vous, à mon pays! Je ne suis plus à moi :
Tant qu'un reste de sang pourra nourrir ma vie,
Ce sang est votre bien, le bien de la patrie;
Et je mourrai content si mon dernier regard
Voit fuir de nos vainqueurs le sanglant étendard.
Quel Sicilien, ô ciel! peut voir d'un œil tranquille
Un étranger assis au trône de Sicile?
Ah! je ne pensais pas, je l'avoue, ô douleur !
Que Charles dût ici trouver un défenseur !
Souffrirons-nous toujours qu'un barbare, un perfide,
De meurtres, de forfaits, tigre toujours avide

Que la soif du carnage attira parmi nous,
Qui fit périr Mainfroi, la reine sous ses coups,
Dans ses mains, de leur sang encore dégouttantes,
En étale à nos yeux les dépouilles sanglantes.
C'est lui qui dans ton flanc enfonça le couteau,
Malheureux Coradin! sous le fer du bourreau
Avec toi Frédéric alla porter sa tête!
Et, pour Charles, ce jour était un jour de fête!
O barbarie horrible!... En ce moment affreux,
Chers amis, que de pleurs coulaient de tous les yeux!
（à Lorédan.)
Vous même, qui de Charle embrassez la défense,
A cet auguste sang vous promîtes vengeance.
Ah! combien j'admirais ce généreux transport!
Pourquoi faut-il que seul je m'en souvienne encor?

LORÉDAN.

O regret!

UN CONJURÉ.

O douleur!

PROCIDA.

Mais que vois-je? des larmes!
(à Roger.)
Vous aussi. Compagnons, modérez vos alarmes,
Les mânes de nos rois s'indignent de vos pleurs;
C'est du sang qu'il leur faut. Mais je lis dans vos cœurs:
Je vois combien il tarde à vos mains magnanimes
D'immoler avec moi Charles à ses victimes;

Je vous connais, et juge à vos frémissemens
Que ce jour expiré c'en est fait des tyrans.
(Ici les vêpres sonnent.)
Écoutez... Charle, entends sonner ta dernière heure!
Et vous, courons au temple, et que tout Français meure!
Baignons-nous dans leur sang; que leur juste trépas
Fasse trembler les rois qui marchent sur leurs pas.
Allons, et sous nos coups périsse leur puissance!
Et que la liberté naisse de la vengeance!
Ce n'est pas du tyran qu'il la faut obtenir,
Amis, c'est par nos mains qu'il la faut conquérir!

LORÉDAN.

Je vous suis. Puisse Dieu, favorable à nos armes,
Approuver la vengeance et pardonner mes larmes!
O ciel! c'est Béatrice! Ah! combien sa douleur,
Trop légitime, hélas! est pesante à mon cœur!

SCÈNE V.

LORÉDAN, BÉATRICE, CONSTANCE.

BÉATRICE.

Grand Dieu! qu'ordonnes-tu de ma triste existence?
O destinée horrible!... Ah! ma chère Constance!

LORÉDAN.

Ah! madame, ah! cessez de déplorer vos maux.

Charles... Pourquoi faut-il, hélas! que ce héros,
Aveugle en sa colère, ait tant commis de crimes?
Pourquoi?... Mais c'est assez parler de ses victimes,
Il va périr, madame, et vos yeux désormais
Ne seront plus blessés de l'aspect des Français.
Que vos vœux soient comblés; à l'heure où je vous parle,
Procida... dans le temple... Oui, c'en est fait de Charle;
Et malgré mon horreur pour son juste trépas...
Adieu... Je l'ai promis, j'y cours prêter mon bras.

SCÈNE VI.

BÉATRICE, CONSTANCE.

BÉATRICE.

Constance, que dis-tu? suis-je assez malheureuse?
C'est là ce Lorédan dont l'âme généreuse
Malgré lui des Français admirait la valeur!
Il semblait les aimer; le traître en sa fureur
Paraissait plaindre Charle, et lui-même, Constance,
Il court l'assassiner. O coupable vengeance!
Que faire? ô Dieu!

CONSTANCE.

Des cieux implorons le secours.

BÉATRICE.

Les cieux depuis long-temps me sont devenus sourds:

Connais toute l'horreur du sort de Béatrice;
Mon cœur n'espère plus, Constance, en leur justice.

CONSTANCE.

A trop de désespoir vous vous abandonnez,
Et Dieu n'a point proscrit vos jours infortunés;
Il veille encor sur vous, sa bonté me rassure.
Mon cœur me dit assez ce que le vôtre endure,
Des maux que vous souffrez je sens toute l'horreur;
Mais le ciel permettra que vous sortiez vainqueur
Des combats violens qui déchirent votre âme,
D'un si fatal amour il éteindra la flamme.

BÉATRICE.

Hélas!

CONSTANCE.

Prenez courage, et songez de quel bras
Votre malheureux père a reçu le trépas.

BÉATRICE.

Je songe à sauver Charle! Et tandis que le crime
Court au pied de l'autel attendre sa victime;
Que Procida... ce nom me fait frémir d'horreur;
Que le perfide au temple, enivré de fureur,
Languit, impatient de dépouiller sa proie,
Le prince va s'y rendre, il faut que je le voie.

CONSTANCE.

Et que prétendez-vous, madame, en le voyant?

BÉATRICE.

Viens, Constance, suis-moi; viens : mon cœur me défend
De laisser achever le forfait qu'on prépare.
Je vais tout découvrir.

CONSTANCE.

Quel transport vous égare?
Oubliez-vous quel sang vous a donné le jour?

BÉATRICE.

Que je l'oublie ou non, je cède à mon amour.

CONSTANCE.

Quand toute la Sicile aspire à la vengeance,
Quoi ! vouloir des Français embrasser la défense !
Que de haines, sur vous, vous allez assembler !

BÉATRICE.

Pour Charle enfin mon cœur n'aura plus à trembler !

CONSTANCE.

Il ne doutera plus que Béatrice l'aime.

BÉATRICE.

Hélas !

CONSTANCE.

Et vous allez l'en instruire vous-même.

BÉATRICE.

De cette honte au moins je saurai me punir.
Suis-moi, te dis-je.

CONSTANCE.

Eh bien! que voulez-vous?

BÉATRICE.

Mourir;
Mais sauver du trépas le héros de la France !
Pour la dernière fois, obéis-moi, Constance.

FIN DU QUATRIÈME ACTE.

Acte cinquième.

SCÈNE PREMIÈRE.

BÉATRICE, CONSTANCE.

CONSTANCE.

Oui, madame, un moment suspendez vos douleurs :
Charles respire, il vit ; bannissez vos frayeurs ;
Et si quelque pitié peut exciter vos larmes,
Pleurez les Siciliens expirant sous ses armes.
Jamais tant de valeur n'a signalé son bras ;
La terreur et la mort accompagnent ses pas.
Procida, cependant, au milieu du carnage,
Des Français et des siens étonne le courage.
Jusqu'à présent, madame, on ne sait rien de plus.
Rendez, rendez le calme à vos sens éperdus ;
Puisque Charles combat, pour lui rien n'est à craindre,
Et nos frères mourans, hélas ! sont seuls à plaindre.

BÉATRICE.

Ah ! pourquoi jusqu'à lui n'ai-je pu parvenir ?
Oui, Constance, à ses pieds j'aurais voulu mourir.
Il aurait vu... combien l'âme de Béatrice
Aux vertus d'un héros savait rendre justice !...
Ah ! je sens que mon cœur l'aime plus que jamais !
Sa gloire, son amour, ce beau nom de Français,
Tout en lui, je l'avoue, est peu fait pour déplaire.
Hélas ! peut-être il touche à son heure dernière !
Pour le vaincre, il est vrai, tous les efforts sont vains ;
Mais que peut la valeur contre des assassins ?
Au milieu du combat, un des siens même, un traître,
Il en est entouré ; son désespoir peut-être...
Que veux-tu ? je crains tout... Mais que sais-je ? Ah ! dis-moi,
Si Charles, un moment emporté loin de soi,
Et tout désespéré de n'avoir pu me plaire,
Car mes combats, pour lui, sont encore un mystère ;
S'il allait, furieux, et détestant ses jours,
Chercher tous les moyens d'en arrêter le cours,
Vois l'effet que produit toute la retenue
Que mon cœur s'efforçait d'affecter à sa vue :
Si Charles meurt, c'est moi dont le bras assassin
Aura plongé le trait tourné contre son sein !
Constance, je frémis ! Fatale destinée !
A ce surcroît de maux m'aurais-tu condamnée ?
Charles, c'est là le coup que je te réservais !
Que ferais-je de plus, si je te haïssais ?...

Mais je ne l'aime pas ; quand je dis que je l'aime,
C'est sans doute une erreur qui m'abuse moi-même.

CONSTANCE.

Bien funeste, madame !

BÉATRICE.

Oui, je te l'avouerai,
Et jusqu'ici mon cœur en fut bien pénétré :
Ce n'est que maintenant enfin que je commence
A comprendre jusqu'où se portait ma démence.
Je rougis ; en effet, quelle honte pour moi !
Quel jour vient éclairer l'abîme où je me voi !
Béatrice, un moment, se vanta d'aimer Charle !
Il expire peut-être à l'heure où je te parle :
Je pouvais le sauver. Va, si je t'eusse aimé ;
Va, si, de feux si vrais ardemment enflammé,
Ce cœur eût vu dans toi son idole adorée,
Je ne gémirais pas ; et mon âme éplorée,
Instruite du péril où ce jour t'exposait,
T'en aurait délivré tandis qu'on le pouvait.
Eussé-je dû mourir, j'eusse expiré contente.
Constance, c'était là le devoir d'une amante !

CONSTANCE.

Madame, au nom du ciel, dissipez votre effroi,
Et montrez-vous toujours la fille de Mainfroi.

BÉATRICE.

Que ne puis-je, au mépris de la Sicile entière,

5

Voir en ce triste jour exaucer ma prière !...
Écoute : des Français tu connais la valeur ;
Quelle que soit du peuple aujourd'hui la fureur,
Charles est à leur tête ; il est à craindre encore.
Je voudrais... oui, telle est la grâce que j'implore,
Ciel, ne rejette point ce dernier de mes vœux !...
Ah ! Constance, plains-moi ; plains cet oubli honteux
De tous les sentimens que j'immole à ma flamme ;
Plains cet amour plus fort, plus puissant sur mon âme
Que le respect d'un père et l'amour des vertus,
Que ces devoirs sacrés que je ne connais plus ;
Plains, plains le désespoir d'une amante insensée.
Je tremble d'expliquer ma coupable pensée :
Tu sais ces chevaliers que leur rang glorieux
Plaçaient auprès du trône où régnaient mes aïeux,
Dont le sang tant de fois versé pour la patrie
Répandit tant d'honneur et d'éclat sur leur vie ;
Tous ces cœurs pleins de zèle et d'amour pour Mainfroi ;
Ce même Procida, cet ami de son roi ;
Tous ceux qu'arment enfin la haine et la vengeance ;
Puissent-ils, expirant sous les coups de la France,
La couronner encor de triomphes nouveaux !
Puisse Charle écraser, au fond de leurs tombeaux,
L'hydre des factions du poids de son courage !
C'est le vœu de ma flamme, ou plutôt de ma rage.
On vient ; sortons, Constance.

SCÈNE II.

BÉATRICE, CONSTANCE, LORÉDAN.

LORÉDAN.

                Où portez-vous vos pas ?
Arrêtez ! vous pourriez rencontrer le trépas.
On ne respecte rien dans ce désordre extrême ;
Et, qui que vous soyez, redoutez pour vous-même.

BÉATRICE.

Pour chasser le malheur parmi nous descendu,
Plût à Dieu que mon sang fût le seul répandu !
Puisse-t-il, satisfait de cette humble victime,
N'en point frapper, hélas ! une plus magnanime !

LORÉDAN.

Je vous entends, madame ; et l'ami de Mainfroi,
Ce Procida, vengeur de notre dernier roi,
Que l'amour du pays seul enflamme et transporte,
Mérite l'intérêt que votre cœur lui porte.
Toutefois écoutez le récit effrayant
De tout ce qui se passe en ce fatal moment.
L'airain avait sonné ; déjà tous les fidèles
En foule se portaient aux hymnes solennelles
Que, pour le célébrer, on chante en ce saint jour.
Tous les Français que Charle honore dans sa cour,

Et la garde du roi, donnant à tous l'exemple,
Marchaient avec respect et se rendaient au temple.
Soudain la porte crie et roule sur ses gonds.
On entre. Un bruit, sorti des souterrains profonds,
Sinistre et caverneux, retentit dans l'enceinte;
Partout, dans tous les traits, la terreur s'est empreinte;
Une clarté lugubre entourait les autels :
Jamais jour ne parut si fatal aux mortels;
On eût dit qu'obscurci d'une vapeur profonde
Le soleil éclairât le dernier jour du monde.
Le pontife sur lui fixait tous les regards,
Et le calme déjà régnait de toutes parts :
Nous paraissons. La foule, interdite, étonnée,
En voyant Procida, prévoit sa destinée.
Vous savez qu'à ce peuple en tout temps il fut cher;
Il parle, et d'une main faisant briller le fer :
« D'un pouvoir usurpé que ce jour soit le reste, »
Dit-il, « peuple, servons la vengeance céleste,
« Et périsse un tyran trop long-temps redouté!
« Tombe avec lui son trône! et que la liberté
« Jaillisse de son sang sur la Sicile entière! »
Il dit. Dans tous les cœurs ce discours téméraire
Fait passer la fureur dont il est animé,
Tout le fiel de sa haine, et ce zèle enflammé,
Cette soif de vengeance, et ce même courage,
Qu'en son âme ulcérée alimente sa rage.
Les Français étonnés cependant se taisaient;

Il semblait que leurs yeux rêvaient ce qu'ils voyaient.
Observant quel transport et quelle violence
Animaient des esprits l'ardente impatience,
Procida vers le chœur porte aussitôt ses pas :
Au pied du sanctuaire il dépose un amas
D'armes pour ce grand jour dès long-temps réservées,
Loin de tous les regards par nos soins conservées :
Les ministres de Dieu, protégeant nos desseins,
Les bénissent; chacun les reçoit de leurs mains,
Comme un don précieux que le ciel nous envoie,
Les yeux étincelans de fureur et de joie.
Des femmes, des vieillards même, le croiriez-vous?
Arment aussi leurs bras pour combattre avec nous :
On eût dit qu'un moment l'oubli de leur faiblesse
Ressuscitât en eux l'ardeur de la jeunesse.
Le sang coulait déjà, nos yeux épouvantés
Déjà voyaient la mort s'offrir de tous côtés;
Un guerrier tout à coup apparaît dans l'enceinte;
Son front brille de gloire, et nous glace de crainte :
C'est Charles! A ce nom le peuple est éperdu :
Le carnage un moment demeure suspendu.
On croyait que ce prince avait par sa présence
De tous les Siciliens désarmé la vengeance.
De bien des maux, madame, il nous eût exemptés !
Mais... ô jour de douleur et de calamités !
A la rage bientôt cette terreur fait place;
Procida, furieux, ranime notre audace;

Le combat recommence; et soudain mille traits,
Partis de tous côtés, fondent sur les Français.
Ces héros à l'envi redoublent de courage.
Tout devient l'aliment du plus affreux carnage.
Et, terrible, enflammé d'une juste fureur,
Fier et plein de mépris, ce superbe vainqueur,
Ne songeant qu'à punir tout un peuple coupable,
Charles lève sur nous son glaive redoutable,
Avec ce noble orgueil, ce courageux transport,
D'un prince accoutumé de vaincre sans effort;
Et, malgré notre nombre et notre résistance,
La victoire penchait du côté de la France.
Mais tout Palerme accourt; et Charle et ses soldats
Bientôt n'espèrent plus qu'en un noble trépas,
Trop sûrs qu'à ce torrent leur vaillante cohorte
Ne pouvait opposer une digue assez forte.
Combien ils combattaient avec plus de fureur!
Que ce beau désespoir augmentait leur valeur!
Et qu'ils ont bien vengé leur chute glorieuse!
Qu'elle nous coûte cher cette journée affreuse!
Prêtres, femmes, vieillards sont ensemble immolés.
Ici, vous eussiez vu les autels mutilés,
Et leurs débris épars au milieu des victimes;
Le nom sacré de Dieu se mêle à tant de crimes;
La voûte retentit d'affreux gémissemens;
Le temple est encombré de cadavres fumans.
Là, ce sont des enfans dont les mères mourantes

Pressent entre leurs bras les dépouilles sanglantes ;
On ne voit que des morts, du sang autour de soi ;
Le désordre partout augmente avec l'effroi ;
Des vaincus, des vainqueurs, la masse est confondue,
Français ou Siciliens, on s'égorge, on se tue
Sans qu'on sache qui donne ou reçoit le trépas.
Le massacre est au comble : on ne peut faire un pas
Sans marcher sur le corps d'une sœur ou d'un frère,
Sans fouler à ses pieds ou son fils ou son père ;
Et poussé, repoussé, le peuple frémissant,
Sur les morts, les mourans, roule, couvert de sang.
Fuyant de tant d'horreurs le spectacle effroyable,
Je m'égare, et les flots de la foule innombrable,
Au milieu des débris, du tumulte et des traits,
M'ont porté, plein d'effroi, jusques en ce palais.
Pardonnez à des pleurs que je retiens à peine ;
Hélas ! pour les Français mon cœur n'eut point de haine :
J'ai cru servir l'État, en combattant contre eux.
Ils ne sont plus, madame ; et ce jour malheureux
A vu de leurs exploits terminer la carrière.

BÉATRICE.

Que ne m'a-t-il ravi son horrible lumière !...
Charle !...

LORÉDAN.

A mes yeux, madame, il n'a point reparu.

BÉATRICE.

O douleur ! ô regret ! Charle est mort...

LORÉDAN.

　　　　　　　　　　　　　Qui l'eût cru ?
Vous, madame, est-il vrai ? Quoi ! vous pourriez le plaindre ?
Dieu ! que vois-je ?

CONSTANCE.

　　　Princesse, ah ! sachez vous contraindre.

BÉATRICE.

Constance !... soutiens-moi.

SCÈNE III.

LES MÊMES, CHARLES ; il est porté par plusieurs Siciliens.

CHARLES.

　　　　　　　　　Suis-je avec des Français ?
Où me conduisez-vous ? Suis-je dans mon palais ?
　　(à Lorédan qui s'approche.)
Cher Montfort, est-ce toi ? Je te retrouve encore...
Ils t'ont donc épargné ?... Dieu puissant que j'implore !
Ah ! dissipe le trouble où mes sens sont plongés !
France, vengeras-tu tes enfans égorgés ?...
Ciel ! le sang coule encore !...

LORÉDAN.

　　　　　　　　　O vengeance inhumaine !

ACTE V, SCÈNE III.

BÉATRICE.

O spectacle cruel!

CHARLES.

Quelle clarté soudaine,
Quel jour vient m'éclairer? Que vois-je?... je frémis...
Je suis de tous côtés entouré d'ennemis...
De cet horrible aspect que la mort me délivre!

BÉATRICE.

Prince, rassurez-vous, et ne songez qu'à vivre;
Mon cœur vous en convie.

CHARLES.

O célestes accens!...
Est-ce vous?... Quelle voix vient de frapper mes sens!...
L'ai-je bien entendu?... se peut-il?... Vous, madame,
Vous voulez que je vive! Ah! tandis qu'en mon âme
L'amour conserve encore un reste de chaleur,
Que seul il me soutient, vous connaissez mon cœur;
Parlez; serais-je aimé?

BÉATRICE.

Seigneur!...

CONSTANCE, à Béatrice.

Qu'allez-vous faire?

BÉATRICE.

Va, c'est assez cacher cet horrible mystère:
Tu vois ce qu'a produit ma farouche vertu.

Éclate amour fatal vainement combattu !
Oui, tel est le destin de ma triste famille,
Le vainqueur de Mainfroi l'est aussi de sa fille :
Connaissez les tourmens de mon cœur alarmé,
Et jugez, à mes pleurs, si vous êtes aimé !

CHARLES.

Ah ! que m'apprenez-vous !... Vous m'aimez... Béatrice !
Hélas ! c'est au moment qu'il faut que je périsse
Que vous me prononcez l'aveu de tant d'amour.

LORÉDAN.

Dieu ! quelle est ma surprise ! O trop funeste jour !

BÉATRICE.

Cher prince !...

CHARLES.

C'en est fait, je sens que je succombe.
Mais, avec moins d'horreur, je vois s'ouvrir ma tombe :
Vous m'aimez !... votre amour, du moins, me survivra.
Aux siècles à venir peut-être on me plaindra.
Et ce saint jour, souillé par un peuple infidèle,
Imprime à la Sicile une tache éternelle.
O France ! ô ma patrie ! entends encor ma voix :
Le monde retentit du bruit de mes exploits ;
J'ai fait craindre ton nom aux deux bouts de la terre ;
Mais je pleure avec toi les malheurs de la guerre.
Que de sang !... Ah ! pardonne, ô peuple de héros !

ACTE V, SCÈNE III.

Songe que mes lauriers t'ont payé de tes maux;
Que mon bras t'a conduit de victoire en victoire;
Que tout ce que j'ai fait, je l'ai fait pour ta gloire!

LORÉDAN.

O douloureux moment!

CHARLES.

(aux Siciliens.)

Ah! ne me pleurez pas;
Ma trop grande clémence a causé mon trépas:
Versez sur vous les pleurs que je vous vois répandre;
Et tranquille au tombeau qu'on me laisse descendre.
Vous, Béatrice, adieu! je ne vous verrai plus!

BÉATRICE.

O jour épouvantable! ô regrets superflus!

CHARLES.

Déjà d'un froid mortel je sens mon âme atteinte;
A mes yeux obscurcis... la lumière... est éteinte...
Adieu!... je meurs aimé!... Béatrice!...

BÉATRICE.

Ah! seigneur!...
Il expire! et la vie est encor dans mon cœur!

SCÈNE IV.

Les Mêmes, PROCIDA, ROGER, les conjurés.

PROCIDA, du fond du théâtre.

Rendons grâces au Dieu protecteur de nos armes,
La liberté renaît pour essuyer nos larmes ;
Nous ne gémirons plus sous le joug des tyrans :
Leur empire est détruit. Sicile ! à tes enfans
Tu redevras ta gloire et ton indépendance ;
Et ton sang, ô Mainfroi, ne criera plus vengeance !

BÉATRICE.

Charles !... je vais te suivre !

CONSTANCE.

O cruel désespoir !

BÉATRICE, s'approchant de Procida.

Et toi, qui t'étais fait un barbare devoir
D'immoler aujourd'hui ce héros à ta rage,
Apprends quel est mon cœur, et connais ton ouvrage ;
Des pleurs que tant de fois mes yeux ont répandus,
Connais enfin la source, et ne t'abuse plus :
La colère céleste alluma dans mon âme
Du plus funeste amour la plus funeste flamme ;
En vain je m'efforçai d'en combattre l'ardeur,

ACTE V, SCÈNE IV.

Charles, tout mort qu'il est, vit encor dans mon cœur.
(En s'approchant de son corps.)
Hélas! je l'adorais, et j'en étais aimée!

PROCIDA.

De quel poison ta fille est-elle envenimée,
O Mainfroi!... De quel coup je demeure frappé!

BÉATRICE.

A tes cruels destins tu n'as point échappé!
Tu n'es plus!... Je succombe à ma douleur cuisante...
Constance, prends pitié des fureurs d'une amante...
Puisse l'amour jamais ne paraître en ton cœur!
De bien des maux le ciel t'épargnera l'horreur.
(Se jetant sur le corps de Charles.)
Charles!... ô cher amant!...

PROCIDA.

O funeste délire!

BÉATRICE, se relevant avec fureur.

Tigres, arrachez-moi le jour que je respire!
Joignez encor ce crime au meurtre des Français;
J'ai mérité la mort, puisque je les aimais.
Mais quoi! vous vous taisez. Et depuis quand, barbares,
De sang et de forfaits seriez-vous donc avares?
Que leur vue est horrible à mes sens interdits!
Grand Dieu! laisseras-tu ces monstres impunis?
Tremblez, lâches, tremblez! Pensez-vous que la France
Apprenne vos fureurs sans en tirer vengeance,

Et que, vous pardonnant de si noirs attentats,
Ses foudres enchaînés sur vous n'éclatent pas?
Redoutez une terre en héros si fertile!
Puissent tous ses enfans marcher sur la Sicile!
Et, la flamme à la main, apporter en ces lieux
Tout ce que peut la guerre offrir de plus affreux!
De toutes vos cités détruire la dernière!
Et sur vos corps sanglans, traînés sur la poussière,
Renverser les débris de ces murs embrâsés,
Fussent-ils, sous leur masse, eux-mêmes écrasés!
Qu'une éternelle horreur règne sur ce rivage!
Qu'en proie à ses vainqueurs, et fumant de carnage,
De sa cendre comblé, ce Palerme si beau
De tous ses habitans devienne le tombeau!
Puisse, caché pour vous, l'astre qui nous éclaire
De ces lieux pour jamais retirer sa lumière!
Ou plutôt, centuplant sa force et sa clarté,
Qu'il les frappe de mort et de stérilité!
Verrais-je de son sang cette île submergée,
Je ne me croirais pas encore assez vengée!

(Après une longue pause.)

Mais quel trouble effrayant succède à ma fureur!
Le trépas, par degré, s'approche de mon cœur.
Je suis donc arrivée à mon heure dernière...
Chère Constance... écoute... entends-tu le tonnerre?...
Regarde ce palais tout prêt à s'écrouler...
Avant que ses débris... sur nous viennent rouler...

Fuis... dérobe ta tête à cette mort affreuse...
(Elle tombe sur le corps de Charles.)
Et laisse-moi... finir... une vie... odieuse.

CONSTANCE.

Nos soins ne pourront-ils la rappeler au jour?

ROGER.

Que je plains ses malheurs et surtout son amour!
C'est ainsi, juste Dieu! qu'expire Béatrice!

PROCIDA.

C'est ainsi que le ciel signale sa justice!

FIN DU CINQUIÈME ET DERNIER ACTE.

SYLVESTRE ET LEVAVASSEUR.